UN MOT

sur

LA BOETIE

SA FAMILLE

ET LA PRONONCIATION DE SON NOM

PENDANT

son court séjour dans sa ville natale

PAR

M. l'Abbé AUDIERNE

SARLAT

IMPRIMERIE MICHELET, HÔTEL DE LA MAIRIE

AVRIL 1875.

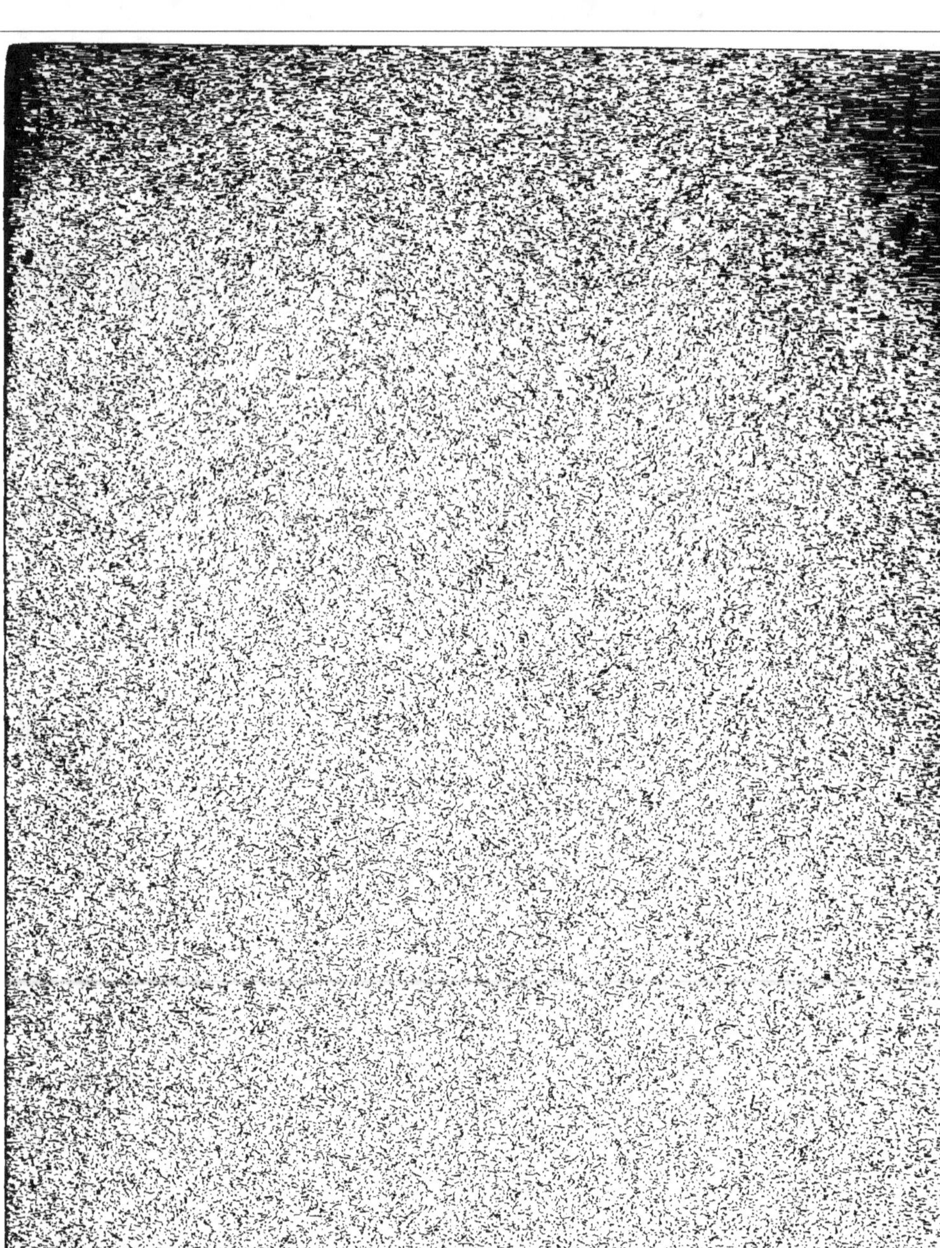

Offert à La Bibliothèque
de la part de l'auteur
L'abbé Ouderne

UN MOT

SUR

LA BOËTIE

SA FAMILLE

ET LA PRONONCIATION DE SON NOM

PENDANT

mon court séjour dans sa ville natale

PAR

M. L'ABBÉ AUDIERNE.

SARLAT

IMPRIMERIE MICHELET, HÔTEL DE LA MAIRIE

—

AVRIL 1875

UN MOT

SUR LA BOËTIE

SA FAMILLE

ET LA PRONONCIATION DE SON NOM

Sarladais, j'ai bien le droit de parler de mon compatriote! Les étrangers s'en occupent, s'insinuent un peu partout; je ne leur en fais pas un reproche; ils y voient leur avantage : mais qu'ils ne trouvent pas mauvais que je respire aussi l'air de mon pays et que je flaire ses parfums.

I

La Boëtie est une de nos célébrités. Mort à 33 ans, à un âge où l'on entre à peine dans la carrière de la vie, il avait acquis dans ce laps de temps si court ce que d'autres, avec une riche intelligence, n'eussent pas appris, peut-être, dans tout le cours d'une longue existence.

II

A 17 ou 18 ans, il écrivait la *Servitude Volontaire*, invective ou pamphlet contre le pouvoir absolu, qui décélant en lui une aversion profonde pour la tyrannie, laissait échapper de son âme les sentiments de la plus vive indépendance.

III

En lisant cet opuscule, on sent à chaque page

que le sang des Ibères, nos ancêtres, coulait dans les veines de son auteur, et que La Boëtie devait descendre de ces fiers Gaulois, que les Romains appelaient un peuple indomptable, faisant la guerre non seulement aux hommes, mais encore aux dieux et à la nature.

IV

Né, en effet, avec un esprit vif et ardent, doué d'un jugement sûr et droit, possédant un cœur sensible et généreux, chrétien comme l'Evangile, instruit par des études sérieuses, associé, par une lecture assidue et réfléchie des auteurs anciens, aux plus grands hommes de l'antiquité, pénétré de ces nobles sentiments qui fortifient le cœur, l'agrandissent et le rendent pour ainsi dire surhumain, Etienne de La Boëtie devait avoir une âme forte, intrépide, essentiellement juste, qui s'attachant à la vérité, à la justice et à la vertu, ne pouvait que lui inspirer du dégoût pour la lâcheté, de l'indignation pour l'injustice, de l'aversion pour l'arbitraire, de l'amour pour le devoir, et pour l'indépendance, un culte religieux.

V

C'est dans de telles dispositions d'esprit que La Boëtie, si richement pourvu des dons de la nature et du ciel, arriva au parlement de Bordeaux à l'âge de 21 ans.

Il avait fait d'excellentes études : il versifiait avec esprit en français et en latin, il possédait la langue grecque, ce qui lui permit de traduire Xénophon avec facilité et élégance.

Ses œuvres, recueillies d'abord par Montaigne,

ont été dernièrement publiées en un seul volume
par M. Léon Feugère.

VI

Là, apparaissent tous les symptômes précurseurs
d'un grand homme, et il le fut certainement devenu,
s'il eût vécu plus longtemps ; mais la science ne
s'improvise pas ; il faut de longues et laborieuses
années pour l'acquérir, et le seul bagage littéraire
de La Boëtie n'eût pas fait, à lui seul, toute sa
renommée.

VII

Mais La Boëtie, jeune, ayant un cœur aimant et
sympathiqne, avait besoin d'un ami. Entouré
d'hommes érudits, de magistrats éminents, il fit,
entre tous, son choix, et ce fut Montaigne qui eut
son affection.

Pendant six années, ces deux cœurs, dignes
l'un de l'autre, n'en firent qu'un. Union intime que
la mort vint trop tôt briser ! mais plus longue, eut-
elle jamais enfanté un plus beau traité sur l'amitié
que celui que nous lisons dans le livre des *Essais?*
Eh ! qui ne sait que les longs jours affaiblissent
trop souvent les plus doux sentiments, et que la
fleur toujours belle le matin, est presque toujours
fanée le soir !

VIII

La Boëtie et Montaigne restèrent donc assez
longtemps intimement liés pour la gloire de l'un et
de l'autre.

Montaigne, dans l'expression de sa profonde douleur, unissant son nom à celui de son ami, a im-
mortalisé La Boëtie, et La Boëtie, par son traité de
la *Servitude Volontaire*, inséré dans les œuvres de

Montaigne, a rendu ce philosophe à jamais sympathique aux trois quarts du genre humain.

IX

La famille de La Boëtie était originaire de Sarlat et ses membres en étaient bourgeois. Le commerce était sa profession, et le bisaïeul d'Etienne était encore qualifié de marchand dans le xve siècle. Antérieurement à cette époque, nous la voyons figurer dans une lettre de remerciements adressée par la jurade et les consuls, à Jean XXII, au sujet de l'érection de l'abbaye de Sarlat en évêché, et en 1204 et 1280, d'après quelques mémoires, elle se serait trouvée mêlée à la grande querelle des abbés du monastère avec les consuls et la communauté de Sarlat, à raison des droits de sceau, d'octroi et de juridiction intérieure, réclamés par les consuls.

X

Elle possédait des immeubles, comme l'indiquent plusieurs quittances de redevances, et la première de ces propriétés, mentionnées en 1400, serait celle appelée la Petite-Borie-des-Places, mouvant de l'ouvrier, dignitaire du chapitre.

Cette propriété était située au-delà de la Croix-d'Espic, sur la route de Vitrac, à trois kilomètres de Sarlat et sur le territoire de cette ville.

Quelques titres font mention d'un pré appelé La Poulque, d'une terre ou combe qui en dépendaient, de deux autres terres, et d'un autre pré exempt de cens et de rente, mais qui plus tard n'appartenait plus à la famille.

XI

La famille de La Boëtie s'attacha à agrandir cette petite propriété, et, en 1451, elle fit l'acquisition du moulin du Clusel, qui en était voisin. Ce moulin, situé sur le ruisseau de Cuze, coulant du nord au midi, confrontait d'une part au pré exempt de cens et de rente, et de l'autre au pré de Poncherie.

Guillaume Boyt en fit l'acquisition de Guillaume et de Pierre Poulin, son fils, moyennant la somme de quatre-vingt-trois écus, prix d'achat, et six écus pour les rentes. Bart, notaire, dont le prénom était *Sardo* ou Sacerdos, nom du saint patron de Sarlat, en dressa l'acte, en présence d'Antoine de la Moychie de Belvès, et de Jean de Malleville, de Sarlat.

Ce furent Guillaume Griffouil, prieur clostral du monastère de Sarlat, le révérend père en Dieu Bernet-Bonal, abbé de St-Amand, et Guillaume Bot, camérier de l'église cathédrale de Sarlat, tous trois grands vicaires, qui l'en investirent au nom de l'évêque, et lui donnèrent quittance du paiement des droits féodaux, de rentes et d'accapte.

XII

M. Léon Feugère, en publiant l'épitaphe de *Sardon* de Calvimont, par La Boëtie, son neveu, dit dans une note : « Est-ce là un autre nom de famille ou seulement un prénom? C'est ce qu'après de vaines recherches nous ne saurions décider. » Il n'est pas douteux que le mot *Sardon* n'est pas un nom de famille, mais un prénom. Sardon, dans l'idiome patois, est le même que *Sacerdos*, et il existe encore, à un kilomètre de Sarlat, un pont vulgairement appelé le pont de St *Sardo* pour St Sacerdos.

Je crois aussi que M. Léon Feugère s'est mépris, lorsque, dans cette même épitaphe, il a traduit *dicatus* pour *diaconus*, ou diacre. L'Eglise, depuis longtemps, n'ordonne plus de diacres, pour les laisser diacres toute leur vie. *Dicatus aræ*, consacré à l'autel, veut donc dire prêtre, et il est certain que Sardon de Calvimont, mort à cinquante-deux ans, devait l'être alors.

XIII

La famille de La Boëtie payait aux évêques de Sarlat, comme seigneurs, pour la propriété de la Petite-Borie et le moulin du Clusel, les droits de cens, de rente, de lots et ventes, d'accapte et autres droits et devoirs, et, par un acte recognitif passé dans la maison épiscopale, le 31 décembre 1499, entre l'évêque Armand de Gontaut et Etienne de Magnanat, bourgeois et marchand de Sarlat, en sa qualité de tuteur des enfants de Raymond Boyt, en son vivant bourgeois et marchand, ces droits furent fixés pour le cens à six deniers, monnaie du Périgord, avec autant d'accapte, et pour la rente, à deux cartons de froment payables annuellement et à perpétuité, le jour de la fête de la dédicace de St Michel.

A cette époque vivait encore noble Hélène de Verdon, veuve de Raymond Boyt, puisque, par acte du 22 septembre 1502, Raymond de Montlavy reconnaissait lui devoir douze deniers de rente annuelle, à cause d'une pièce de terre située au tenement de Moussidières, près de Sarlat.

Comment ne fut-elle pas tutrice de ses enfans? Dans leur intérêt, sans doute, elle voulut se décharger de cette tutelle sur Etienne de Magnanat, qui devait être le parent de son mari.

XIV

Le château de La Boytie n'existait pas lors de l'acquisition du moulin du Clusel, en 1451. Il n'existait pas non plus en 1466, ni même en 1486, puisque, dans trois quittances de ces époques, il n'en est fait aucune mention. Les deux premières quittances sont données le même jour, 3 avril 1466, à Guillaume Boyt, l'une par l'évêque, pour cinq ans d'arrérages de six deniers de cens et de deux cartons de froment pour le moulin du Clusel, et la seconde par Martial Gourdon, receveur de l'évêque, pour dix deniers de cens, à cause de l'ouvrier des Places (employé ou dignitaire du chapitre), et six deniers pour le pré de la Poulque.

La troisième reconnaissance, du 23 octobre 1486, est donnée à Raymond Boyt et à Jean Graulet, comme mari de Clémence Boyte, par l'ouvrier, pour deux terres et un *coustal*, situés au lieu des Places, confrontant avec le moulin du Clusel, avec le pré de l'Evêque, la levée du moulin d'Aubusson entre deux, avec le chemin de Sarlat audit moulin d'Aubusson, avec les terres des héritiers de Jean Veyssière et de feu Rigal Geneste, chemin entre deux, et avec le chemin de Sarlat audit moulin du Clusel.

D'après ces confrontations si minutieuses et le silence des actes antérieurs, on doit penser que le château de La Boytie n'existait pas, car on n'eut pas manqué de le mentionner, puisqu'il n'est séparé du moulin du Clusel que par un chemin, et situé en face.

Il est donc bien évident qu'à la date de 1486, il n'y avait près dudit moulin ni maison, ni château, et que ce n'est que dans l'acte de reconnaissance passé entre l'évêque Armand de Gontaut et Etienne de Magnanat, tuteur des enfants de Raymond Boyt, qu'il est parlé pour la première fois d'une bastide, en patois *bastida*, située près de ce moulin, et qui serait le château de La Boytie, construit dans l'intervalle des treize ans qui se seraient écoulés de 1486 à 1499, et dont l'auteur serait Guillaume Boyt ou Raymond, son fils.

Vers cette époque, le bisaïeul d'Etienne avait déjà fondé une chapellenie sous la dénomination de La Boytie.

L'acte de fondation, dont je n'ai vu qu'une copie du xvII^e siècle, ne dit pas le lieu où cette chapellenie était située. Il est probable qu'elle était dans le château même et qu'elle ne fut que la chapelle actuelle, alors mieux tenue, sans doute, parce qu'elle était desservie par un chapelain ; mais que la piété de ses nouveaux maîtres saura restaurer et conserver. La rente annuelle, attachée à cette fondation, a disparu, il est vrai ; mais la prière vient du cœur, et les pieux souvenirs ne sauraient jamais être de pénibles sacrifices.

Les émolumens attachés à cette chapellenie n'étaient pas considérables. Le chapelain, pour prier toute l'année pour le fondateur et ses parents, ne recevait qu'une rente annuelle de huit livres, monnaie courante, et encore fallait-il qu'il en fit la perception sous par sous, deniers par deniers, cette rente devant être formée d'autres rentes infiniment modiques.

Les temps sont bien changés ! Il ne se fait plus, à ce prix, de pareilles fondations ; mais chaque époque, avec ses inconvénients, a aussi ses avantages, et le plus sage, est de prendre le temps comme il vient, sans trop se préoccuper du passé qui ne revient plus.

XV

Les enfants de ce Raymond furent Antoine, Etienne, Guantounet et Iolande. Le docteur Payen, mon regrettable ami, le grand admirateur de Montaigne, mentionne un cinquième garçon sous le nom de Gosselin, et une autre fille sous celui de Guillerme, d'où il résulterait que Raymond Boyt aurait eu six enfants. C'est évidemment une erreur, que relèvent les titres que nous avons sous les yeux. Dans une reconnaissance, datée du 24 juillet 1307, Antoine, qui ne se qualifie que bourgeois de Sarlat, acquitte en son nom et en celui de ses frères, à l'ouvrier de l'église cathédrale, pour les droits féodaux, le cens et les rentes qu'ils lui devaient pour le lieu des Places.

Mais cet autre acte est plus explicite et ne laisse aucun doute sur cette question. Nous le donnons textuellement :

« Vente du 20 novembre 1512, faite par hono-
» rable homme, Antoine de La Boithie, bachelier
» ès droits, tant en son nom, que de Mᵉ Guantou-
» net de La Boithie, que d'Etienne de La Boitye,
» ses frères, en faveur de frère Mathias Hamelin,
» sindic du chapitre de l'église cathédrale de Sar-
» lat, de 12 sols, deux charges de seigle, une charge
» de froment de rente assignée sur une borie à
» eux appartenant, située dans le territoire de Sar-
» lat, lieu appelé à Lasplasses ; confronte d'une
» part avec le chemin par lequel on va de Sarlat à
» Castelnau, de long à long, avec autre chemin par
» lequel on va de Sarlat à Beynac et avec la terre
» de Guillaume La Blanesque dit Roumy, ladite
» rente faite pour 50 livres et rachetable pour la
» même somme, sous la réservation faite par ledit
» de La Boitye sur ladite borie, des droits féodaux
» deus à Mᵉ l'ouvrier de ladite église. Fᵒ 157. »

Cet acte fut collationé par M. de Pignol, doyen et syndic du chapitre de Sarlat, le 16 août 1738, et

visé le lendemain par **M. Baudot** de **Jully**, subdé-
légué de l'intendant de Bordeaux.

D'après ce document, dont on ne peut contester
l'authenticité, Raymond n'eut donc que trois gar-
çons et une fille dont l'existence est positivement
constatée, comme nous le verrons plus tard.

Le savant docteur, du reste, ne lui en donne pas
davantage ; seulement, il attribue aux enfants des
noms qui ne sont pas les leurs, et de là dans le
nombre une augmentation dont il ne s'est pas
douté et qu'on ne saurait lui imputer. Antoine,
devenu licencié en droit, acheta la charge de lieutenant particulier près le siége présidial de Sarlat.
Etienne se fit prêtre, fut d'abord prieur des Veys-
sières, près de Sarlat, et devint plus tard curé de
Boulhonnac. Iolande mourut sans tester, et la vie
de Guantounet nous est inconnue.

En 1501, Antoine, déjà licencié en droit, avait
des droits de cens, de rente et d'accapte sur une
maison située à l'entrée du faubourg de l'Endrevie,
et en usait, en investissant de cette maison son nou-
vel acquéreur, le sieur Monteil. Il paraît que cette famille aimait assez les rentes et qu'elle ne manquait
pas les occasions d'en avoir.

C'est ainsi que nous voyons Guillaume de La
Boytie acheter à noble homme Jean de Leygue,
une rente de six cartons de froment et d'une paire
de poules, qui lui étaient dus par Guilhem Bernard,
de la paroisse d'Aillac ; que ce même Guillaume de
La Boytie, aïeul du sieur de Labatut de Salis,
achète en 1450, à Guillaume Rougier, de Temniac,
deux cartons de froment, deux cartons de seigle,
deux boisseaux d'avoine, etc., le tout payable par
le sieur Bouyssieu, habitant de Saint-Quentin, à
cause du village de la Serpoulie, et que le 3 janvier

1492, Raymond de La Boytie, recevait X sols de rente de Simon Bot, à cause d'une pièce de vigne au tenement de Graugeac.

Mais ce fut surtout Antoine, devenu lieutenant particulier, qui en augmenta considérablement le nombre.

En 1530, noble Raymond de la Caraulie dit d'Arpays, lui vend quatre deniers de cens et de rente, sur une terre, située aux Albarèdes, voisine des siennes.

En 1531, Marie Vaquier, veuve de Jean Chanet, lui vend trois deniers de cens avec tout droit de fondalité qui lui étaient dus sur une pièce de terre, située aux Pradals. Raymond d'Arpays lui donne encore purement et simplement deux deniers tournois de rente, avec droit de fondalité sur une pièce de terre, située au même lieu des Pradals.

Dans la même année, Géraud Viane reconnaît lui devoir, pour la moitié d'une pièce de terre, un denier de rente pour le cens.

En 1532, Jean Menhant reconnaît tenir de lui une vigne de cinq journaux, située à Cante-Lauriol, moyennant la rente de 26 deniers et deux deniers de cens.

En 1525, Pierre Lableynesque lui paye six deniers de cens pour un pré situé aux Albarèdes.

En 1536 et 1538, Jean Lagrave, Géraud Faure, Martin Treilart lui reconnaissent aussi des droits de cens et de rente. Enfin la dernière reconnaissance que je trouve est du 5 février 1540, souscrite par Jean Reynal pour une rente de 23 deniers, pour une terre située à Cante-Merle. Toutes ces terres, prés et vignes appartenaient au fief du repaire de La Boytie.

XVI

La construction élevée près du moulin du Clusel n'avait d'autre dénomination que celle de bastide. C'était la maison de campagne de Raymond Boyt, tantôt Boyte, et, dans le patois, tantôt *Boytio, Boytia, la Boytia*, et, de là, le nom qui lui est resté. Ce n'est pas elle qui a donné son nom à son maître, ni son maître qui lui a donné le sien ; c'est l'idiome vulgaire qui le lui a donné, et ses maîtres, après Boyt, s'en faisant un titre honorifique, en ont profité sous le nom de S^r de La Boytie. Ils ne firent, du reste, que ce que d'autres avaient fait avant eux, et ce que d'autres feront, sans doute, encore après eux : ils se firent un titre du nom de leur domaine, ayant apparence de château. Ce fut Antoine, lieutenant particulier du présidial, qui le premier se signa de La Boëtie, en substituant toutefois à l'*y* primitif un *e* avec un tréma ; son fils Etienne, conseiller au parlement, en fit autant, et de là la métamorphose du nom Boyt en celui de La Boëtie.

XVII

Vers l'an 1520 ou 1525, Antoine fit construire à Sarlat, sur la place du Peyrou ou du Moustier, une maison qui existe encore et dont on admire la façade. Son style est de la Renaissance, et ses sculptures n'ont pas trop souffert, ni du temps, ni de la main des hommes. Il est seulement à regretter que les armes qui s'y trouvaient aient été effacées. On a enlevé à l'histoire de Sarlat un document, sans avoir corrigé la vanité humaine, car on gratterait et regratterait encore ces emblèmes inoffensifs, glorieux souvenirs des bourgeois sarladais, qu'ils trouveront toujours parmi eux, quoi qu'on fasse, des adorateurs.

Au reste, le but de ces absurdes destructeurs n'aurait pas été atteint pour La Boëtie, si les armes que M. Gaston de Gérard, jeune érudit, m'a fait voir, étaient, en réalité, celles de la famille de ce grand homme de bien, comme l'appelait Montaigne.

Je le crois : d'abord, parce que ces armes figurent sur un acte de vente de la terre de La Boytie, et qu'en second lieu, elles ne sont pas celles de la mille Veyssière qui en faisait l'acquisition.

Nous connaissons donc aujourd'hui les armes de La Boëtie, ce qui est un document précieux pour l'histoire de notre province. Les voici :

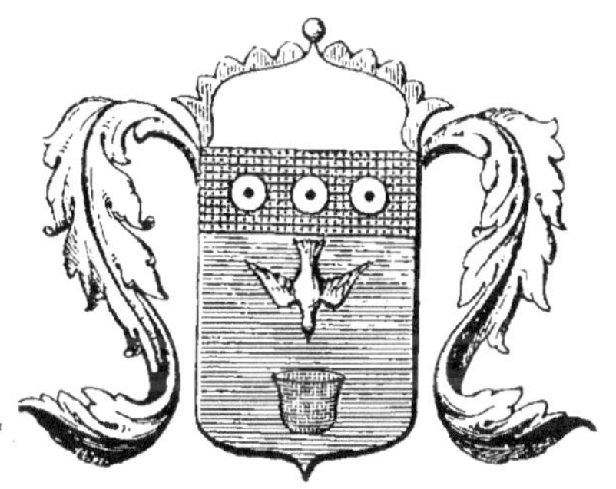

Ces armes, qu'on n'avait pas retrouvées jusqu'à ce jour, offrent une colombe s'abaissant sur une coupe, pour faire allusion, sans doute, au nom Boyt ou Boytie.

Elles sont représentées seulement au trait sur l'acte de 1650. L'écu porte d'azur, chargé d'une colombe d'argent, abaissant son vol sur une coupe d'or au chef de sable, chargé de trois annelets d'argent. Bonnet magistral avec ses lambrequins.

XVIII

La maison de Sarlat, une fois construite, d'une belle apparence, et parfaitement située pour attirer les regards, d'ailleurs habitée par le lieutenant particulier du présidial, dont les rapports avec le public devaient être très fréquents, fut naturellement désignée sous le nom de maison de La Boytie, et en a même gardé le nom jusqu'à ce jour.

Alors, pour la première fois, en 1529, Antoine La Boëtie se qualifie de seigneur du repaire de La Mothe-les-Sarlat, dans un acte de permutation de cens avec l'ouvrier du chapitre, pour certaines terres situées aux Places, où est le château de La Boytie.

Quel était ce repaire? Il dépendait du territoire de Sarlat, et, cependant, il m'a été impossible de le découvrir dans les environs de cette ville, nulle propriété ne portant ce nom, si ce n'est, cependant, un petit tertre situé un peu au-dessus du château de La Boytie, appelé dans l'idiome patois *Lo Mouto*, en français La Motte ou monticule.

Voici donc ce que je conjecture à ce sujet et avec quelque raison. Antoine de La Boëtie, lieutenant particulier, qui avait déjà altéré son nom primitif, voulant se qualifier et ne pouvant se dire de La Boëtie, S^r *de La Boytie*, substitua au nom du château de La Boytie celui de *La Mothe-les-Sarlat*, en écrivant Mothe par un *h* au lieu de deux *t*. Dès lors, le repaire de La Mothe-les-Sarlat n'était autre que le château de La Boytie.

Ce qui confirme cette pensée et décide la question, c'est le procès qu'eurent à soutenir, dans la suite, les héritiers contre l'évêque au sujet des droits féodaux qu'ils prétendaient ne pas lui devoir pour la terre de La Boytie, devenue seigneu-

rie, sous le nom de repaire de La Mothe-les-Sarlat :
mais ils perdirent leur procès, et le nouveau nom
disparut insensiblement pour ne pas reparaître. Si
donc aujourd'hui on ne retrouve pas la seigneurie
de *La Mothe-les-Sarlat*, il ne faut plus s'en étonner,
puisqu'elle n'avait existé que par un changement de
nom.

La famille qui eut à soutenir ce procès fut celle
de Roffignac, héritière de la terre de La Boytie
par le mariage de l'un de ses membres avec la fille
de Barthélemy le Bigot de St-Quentin, petite-fille
d'Anne, fille d'Antoine et sœur d'Etienne.

Il surgit un nouveau procès après la vente de
cette même terre par les héritiers ; il fut soutenu
par les Veyssière, mais pour d'autres droits, contre
l'ouvrier du chapitre, et le troisième fut intenté par
le séminaire, vers la fin du 17ᵉ siècle, à la famille
de Philopald dans laquelle était entrée cette terre
de La Boytie par le mariage d'une fille Veyssière de
Puylebreuil.

XIX

Antoine de La Boëtie épousa Philippe de Calvimont, de la branche des Calvimont de l'Herme,
paroisse de Tursac.

Cette demoiselle avait deux frères, dont l'un,
conseiller au parlement de Bordeaux, devenu plus
tard président, et l'autre prêtre, dont nous trouvons
l'épitaphe dans les œuvres d'Etienne.

Le neveu de Philippe de Calvimont, le fils de
son frère, est qualifié S^{gr} de l'Herme par Etienne,
son consin-germain. Il avait hérité des biens et de
la seigneurie de son père. Il est donc tout naturel
d'en conclure que cette terre était le berceau de
la famille, et je ne crois pas qu'il soit nécessaire,

comme cela a été dit, de recourir à de prétendus
Calvimont de Grenoble pour en faire sortir la
femme d'Antoine. Les Calvimont étaient assez nom-
breux en Périgord, sans aller en imaginer ailleurs.
C'est ainsi qu'en négligeant trop l'étude des locali-
tés, on s'expose à des erreurs qui compromettent
l'histoire.

De leur mariage provinrent deux filles et un
garçon : Clémence, Anne et Etienne.

Clémence épousa Hélie de Gimel de Paluel S^{gr} de
la Garrigue et de Saint-Vincent, près de Sarlat.

Anne fut mariée à Jean-le-Bigot, écuyer, S^r de
St-Quentin, dans l'Agenais, et non à Gerard de S^t-
Quentin, en Périgord, comme cela a été dit en-
core à tort dans les mêmes notes. Ces deux famil-
les étaient distinctes, et celle des Bigot n'existe plus
aujourd'hui.

Le garçon fut Etienne, qui devint conseiller au
parlement de Bordeaux, le vertueux et sincère ami
de Montaigne, et qui mourut en 1563.

XX

Pour la première fois, je vois leur père se qualifier, en 1529, seigneur du repaire de La Mothe-
les-Sarlat. Il veut permuter certains cens et rentes
de plusieurs de ses terres situées au lieu des Places,
où se trouve le château de La Boytie.

Ces rentes étaient dans les attributions de l'ouvrier de l'église cathédrale de Sarlat. Hamelin,
religieux, remplissait alors les fonctions de cet
office. Délégué du chapitre pour percevoir seulement le cens et les rentes, il ne pouvait en opérer
la permutation sans une autorisation spéciale de
tous les religieux. Cette autorisation lui ayant été
donnée en assemblée capitulaire, il put s'entendre

avec Antoine de La Bœtie, et l'un et l'autre, tombés d'accord, donnèrent pleins pouvoirs à Jean de Molinis, religieux, et à Me Antoine Massobre, notaire, de procéder à la vérification des cens et rentes à permuter et d'en opérer ensuite l'échange. C'est dans cette procuration, datée du 16 juillet, qu'il prend le titre de seigneur.

Mais en quoi consistait cette permutation de cens et de rentes dont Antoine dégageait certaines terres du lieu des Places? L'acte n'en parlant pas, devant ce silence, les conjectures sont permises : Je crois que cette permutation fut faite pour affranchir indirectement la terre de La Boytie dont on avait fait le repaire de La Mothe-les-Sarlat.

Cette transformation de nom favorisait la confusion et par suite l'incertitude dans les droits féodaux, puisque La Boytie, terre bourgeoise, étant créée, par sa nouvelle dénomination, terre seigneuriale, devenait en principe une source de contestations, les propriétaires se croyant affranchis de tous droits et le chapitre et les évêques prétendant le contraire. Il devait donc en résulter des discussions, des procès, et de là, en effet, les trois qui surgirent plus tard et dont j'ai déjà parlé.

XXI

Antoine de La Boëtie prit le titre de Sgr de la Mothe-les-Sarlat jusqu'à sa mort. Mais jusqu'à quelle époque vécut-il? Nous n'en connaisons pas la date précise. Essayons de la fixer, s'il est possible.

Nous savons qu'il vivait positivement en 1540, par le procès-verbal qu'il dressa, au sujet de la perte des archives du château de Biron, par suite d'un incendie. Vécut-il longtemps après cette époque? Les documents historiques nous manquent pour répondre à cette question. Mais nous pouvons par induction arriver à la résoudre, à quelques années près.

Nous savons que son jeune fils Etienne avait dix ans, en 1540. Que ce jeune homme ait écrit la *Servitude Volontaire* à 17 ou 18 ans, comme on le croit généralement, nous arrivons à 1547 ou 1548, date, ce me semble, la plus reculée qu'on puisse assigner à l'existence d'Antoine son père.

Qui admettra, en effet, qu'Etienne, quelque républicain qu'on le suppose, eut osé écrire, contre le pouvoir royal absolu, un tel pamphlet sous les yeux de son père, lieutenant civil, criminel, et de police ? Personne ! A défaut de cœur, et il en avait beaucoup, il eut eu assez de jugement pour ne pas ainsi compromettre son père ou l'affliger si profondément.

Je crois, d'après cela, pouvoir en conclure qu'Antoine de La Boëtie n'existait plus en 1548, et qu'il ne connut jamais l'œuvre de son fils.

On objectera, peut-être, qu'ayant fait son testament en 1533, il dut mourir avant l'époque que je lui assigne. Ce n'est pas là, je crois, une raison. La mort immédiate n'est pas la conséquence d'un testament, quoiqu'on l'appelle la volonté dernière.

On peut échapper à une grave maladie. On peut être d'une santé si languissante qu'on appréhende une fin prématurée, et puis, régler ses affaires, en bonne santé, n'est que de la prudence.

Les quinze années écoulées depuis son testament ne sauraient donc rien préjuger sur sa mort.

Au reste, âgé de vingt-cinq ans, en 1501, c'est-à-dire majeur, comme l'attestent plusieurs actes, et décédé dans l'année 1548, il aurait vécu soixante-douze ans, ce qui n'est pas une extrême vieillesse.

XXII

La mort d'Antoine de La Boëtie ayant devancé celle de sa femme, sa succession resta indivise. Au décès même de Philippe de Calvimont, leur hérédité ne fut pas liquidée. La transaction qui survint en 1584 le prouve évidemment.

Dans leur succession se trouvaient aussi confondus les droits d'Etienne, curé de Boulhonnac, leur frère et beau-frère, ceux d'Iolande, leur sœur et belle-sœur, et certaines réprises d'Etienne, leur fils, en son vivant conseiller au parlement de Bordeaux.

Tous les biens de cette succession avaient passé dans les mains d'Hélie de Gimel, seigneur de la Garrigue, par Clémence, sa femme, fille aînée d'Antoine de La Boëtie, et de Philippe de Calvimont.

Hélie de Gimel en avait joui paisiblement, paraîtrait-il, jusqu'à la mort de sa femme, Clémence; mais à cette époque il fut inquiété par sa belle-sœur, Anne de St-Quentin, et son neveu Barthelemy de St-Quentin.

Ils lui contestèrent cette succession, comme leur revenant par substitution.

Ils s'appuyaient sur le testament d'Antoine, voulant que dans le cas où Clémence n'aurait pas d'enfants, Anne lui succédât. Ils se portaient aussi héritiers d'Etienne, leur oncle, et d'Iolande, leur tante, et d'une partie de l'hérédité d'Etienne le conseiller.

En conséquence, ils réclamaient non-seulement tous les biens, mais encore tous les revenus perçus sur la succession de leur oncle depuis sa mort. Hélie de Gimel, héritier universel de sa femme, combattait les prétentions de sa belle-sœur et de

son neveu, prétendant que sa femme avait pu va-
lablement tester en sa faveur, et que dans tous les
cas il avait droit à sa légitime, tant du côté du père
que de la mère et d'Iolande, sa tante.

Hélie faisait déjà une concession qui ne dénotait
pas de sa part une grande confiance dans sa propre
cause. Ses adversaires en profitèrent pour reven-
diquer avec plus de force tous leurs droits.

Mais, voulant conserver entr'eux les bonnes
relations du passé et ne pas troubler l'harmonie
de la famille, de l'avis de sages conseillers, d'amis
dévoués et de parents affectionnés, après s'être
bien pénétrés des dispositions du contrat de mariage d'Antoine de **La Boëtie** et de son testament,
pour éviter tout procès, ils tombèrent d'accord, et
par une transaction du 29 janvier 1584, Gimel rece-
vant pour tous ses droits, treize cents écus, valant trois
mille neuf cent francs, et en plus les arrérages des
rentes dues depuis la mort d'Etienne le conseiller,
leur abandonna tous les biens de la succession, la
maison de Sarlat dite de La Boytie et le repaire de
La Boytie, dit encore alors *de La Mothe-les-Sarlat*,
avec tous les titres qu'il possédait.

Ainsi, tous les biens de la famille d'Etienne de
La Boëtie passèrent dans celle de le Bigot de S^t-
Quentin, qui habitait l'Agenais, repassèrent dans
celle des Roffignac, par une demoiselle de S^t-
Quentin, plus tard, en 1650, par un acte de vente,
dans la famille des Veyssière, par un mariage, dans
celle des Philopald et récemment, par droit d'hérédité, dans celle des Gerard du Barry, de St-Quentin
dans le Sarladais. Le nom s'éteignit dans Etienne
de La Boëtie, et la famille par les femmes dans
celle des Roffignac.

XXIII

Nous avons dit qu'Etienne de La Boëtie étant mort sans enfants, son nom pour la descendance masculine s'était éteint.

Mais si la chronologie du nom, à défaut de fragiles rejetons, est finie pour la famille, elle ne l'est pas pour la postérité, qui n'oubliera jamais les vertus de La Boëtie, la vivacité de son esprit, la rectitude de son jugement, la hauteur de ses conceptions, son ardent amour pour sa patrie et sa haine profonde contre la tyrannie.

Il est vrai que son mérite ne reçut pas sa récompense, comme l'exprimait Montaigne dans sa vive douleur au chancelier de l'hôpital ; il fut délaissé, lui écrivait-il, parce qu'à notre époque l'ignorance et la malice, le fard, les faveurs, les brigues et la violence commandent : parce qu'il s'occupait peu de lui, sachant que la vertu et l'ambition ne marchent pas ensemble, aussi il ne trouva qu'envie et ne fut aidé par le témoignage d'autrui. Le philosophe, plongeant ses regards dans l'avenir, ajoutait, au moins après lui, sa mémoire recevra le loyer de sa valeur, et se logera en la recommandation des personnes d'honneur et de vertu.

Montaigne avait raison, puisque plus de trois siècles ont prouvé que La Boëtie était impérissable, et aujourd'hui même rien ne fait présumer que le souvenir de son nom puisse s'éteindre dans l'avenir.

XXIV

Le nom de La Boëtie, quoiqu'enregistré, depuis longtemps, dans les annales de l'histoire, n'a pas été prononcé toujours de la même manière, surtout à notre époque.

Dans l'origine, on prononçait La Boëtie avec le son du *t* et non avec celui du *c*. On disait La Boëtie, comme on dit *modestie, partie, sacristie*, et non La Boëtie, comme on prononce *Béotie*.

Pourquoi? Parce que la famille qui le portait le prononçait ainsi, et parce que, dans le pays, les noms dont la terminaison est la même se prononcent de la même manière.

Prenons d'abord l'éthymologie du nom, et nous verrons que le *t* doit y être naturellement prononcé. Nous justifierons ensuite cette prononciation par des exemples pris dans la localité.

Le nom d'Etienne de la Boëtie fut primitivement Boyt. Or, dans ce mot, le *t* final se fait sentir.

Pour une femme, on disait quelquefois Boyte.

Ici encore, le *t* conserve toute sa valeur.

Plus tard, on fit de Boyt, Boytye; mais l'*y* laisse aussi au *t* sa prononciation.

Dans quelques actes, le nom se trouve écrit Boythie; or, le groupe *th* se prononce également comme le *t* simple, c'est-à-dire, jamais comme le *c*.

Qu'Etienne ou son père aient changé l'orthographe de leur nom, peu importe! ils n'en ont pas changé la prononciation, ce qui le prouve, c'est que cette prononciation est restée invariablement la même, jusqu'à ce jour, dans leur ville natale et dans le Périgord.

Du reste, tous les noms de lieux, et la famille La Boëtie tirait bien le sien d'une terre, ont aussi dans la contrée, avec la même orthographe et la même terminaison, la même prononciation; le *t* est toujours prononcé durement, et s'il doit avoir le son du *c*, c'est le *c* qu'on emploie, comme dans *Poncie*, ancienne terre des Salignac-Fénelon en Périgord, ou deux *s* comme dans la *Roussie*, château dans les environs de Sarlat ; mais jamais le *t* n'est employé que dans sa prononciation dure : exemples : *la Bonetie, Lacatie, la Durantie, la Mauretie*, villages du Sarladais.

Depuis que l'Académie a posé en principe que le *t* placé avant un *i* suivi d'une voyelle devait être prononcé non comme *ti*, mais comme *ci*, la prononciation du nom La Boëtie s'en est ressentie. Donc, rien d'étonnant que l'on prononce à Paris et ailleurs, peut-être, le *t* dans La Boëtie comme le *c*, tandis qu'à Sarlat, ce même *t* conserve sa prononciation naturelle. C'est qu'à Paris on obéit au dictionnaire de l'Académie, et qu'à Sarlat on obéit à l'usage local.

La règle en est sans doute contrariée, même peut-être l'euphonie ; mais est-il permis de dénaturer un nom propre ou sa prononciation, sous prétexte de le rendre plus doux ? Je ne le pense pas ! Dans les noms propres et noms de lieux, il faut, je crois, respecter les oreilles et les habitudes. Bescherelle, bien compétent en pareille matière, me paraît être aussi de cet avis.

Voici comment il s'exprime dans son dictionnaire : T, au milieu des mots, et quand il est suivi d'un *i* ou d'une autre voyelle, se prononce tantôt *ti*, tantôt *ci* ; mais un grand usage est nécessaire pour bien faire cette distinction. Eh bien !

Cette distinction est faite en Périgord. Voilà, en effet, plus de trois siècles que dans le pays de La Boëtie, on prononce ce nom *ti* et non *ci*.

On doit donc dire La Boëtie, comme l'on prononce *Clytie*, ou La Roudetie, ancienne terre de Baudin de Périgueux, personnage historique.

Le nom de La Boëtie, par sa vraie prononciation

n'en deviendra pas plus célèbre ; mais il mérite de rester tel que le portait et le prononçait le digne ami de Montaigne.

En terminant cette brochure, je suis heureux de publier un fait ignoré de tous les chroniqueurs sarladais.

Il intéresse et honore la piété, la fidélité, le courage et la générosité de nos aïeux.

Les Ligueurs, la veille de la Saint-Jean, s'étaient emparés, par trahison, de Sarlat. Le lendemain, les habitants, respectant le dimanche et la fête du jour, les laissèrent tranquilles ; mais, le surlendemain, ils les expulsèrent en leur rendant toutefois leurs armes, pour leur prouver que la force n'exclut pas toujours la modération.

En délivrant ainsi leur ville, ils sauvèrent en même temps le château de La Boytie, que les Ligueurs voulaient démolir.

Du reste, je cite textuellement le narrateur, pour laisser à son style son originalité.

On verra aussi, par cette citation, que si la langue française a fait quelques progrès, les passions humaines sont à peu près les mêmes à toutes les époques.

PRISE DE SARLAT, PAR M. DE LA TOURETTE.

Le 23 juing 1590, ung sabmedy, veilhe de la Sainct-Jehan, à l'heure de cinq heures du soir, nostre ville de Sarlat fut prinze par la porte de la Regnaudye par Mr de la Torrette qui avoict esté arcidiacre de l'eglise cathedralle de la dicte ville et autres, par le moyen de force habitans de ladicte ville qui le mirent dedans, qui avoyent gaigné la murailhe criant par la ville : Vive la Ligue ! et le

25 du mesme moys, fust reprinze et les habitans
voyant que ce fust leur ruyne et du pays s'advisa-
rent de les tirer de force ; ce qu'ilz firent.

Ledict sieur de la Torrette estant allé faire des-
molir une maison nommée la Boytie, afin que
ceulx de la religion ne la prinsent, avec quelques
soldatz, et fermarent lesdictz habitans la porte de
la dicte Reguaudye, et cryant par la ville, avec
les armes : Vive liberté et Sarlat ! et prindrent les
armes aulx estrangiers et baillèrent en guarde en
certaines maisons, puis ledict soir les firent sortir
de force et leur rendirent a chascung ses armes,
et ce parceque le sieur de la Torrette avoyt uzé de
honneste gentilhomme envers les susditz habitans ;
à la prinze ne fust blaissé qu'un nommé monsieur
de Leygue, juge de lad. ville, et Anthoyne Lau-
zaune, et feurent contrainctz par les habitans
quitter, voyant que ladicte muraille estoit prinze
et . . . . par la vive arquebuzade. Les uns,
qui estoint partisans en ce faict furent expellés et
les autres, non. *Communiqué à M. l'abbé Au-*
dierne par M. G. de Gérard.

❧

✦❧✦

Sarlat. — Impr. Michelet, Hôtel de la Mairie.

126